50 Bocados Sin Fronteras

Por: Kelly Johnson

Table of Contents

- Tacos de camarón al estilo Baja
- Empanadas argentinas de carne
- Sushi rolls de aguacate y pepino
- Ceviche peruano de pescado blanco
- Curry indio de garbanzos (Chana Masala)
- Paella valenciana de mariscos
- Falafel con salsa de yogur
- Banh mi vietnamita con cerdo
- Tostadas mexicanas de tinga de pollo
- Gyozas japonesas de cerdo
- Arepas venezolanas rellenas de queso
- Shawarma de pollo con pan pita
- Ratatouille francés
- Pierogi polacos con queso y papa
- Poutine canadiense con gravy y queso
- Bibimbap coreano
- Shakshuka del Medio Oriente

- Moussaka griega
- Jollof rice de Nigeria
- Samosas indias de verduras
- Kebab turco de cordero
- Pupusas salvadoreñas
- Tabbouleh libanés
- Tamales mexicanos de elote
- Bratwurst alemán con chucrut
- Kimchi coreano
- Borscht ruso de remolacha
- Croquetas españolas de jamón
- Canelones italianos rellenos de espinaca
- Burritos mexicanos de frijoles y arroz
- Empanadillas españolas de atún
- Pollo tikka masala
- Fajitas tex-mex de pollo
- Pastel de choclo chileno
- Pastel de pastor inglés (Shepherd's pie)
- Chiles en nogada mexicanos

- Lomo saltado peruano
- Tamal guatemalteco
- Sopa pho vietnamita
- Tarta de manzana francesa (Tarte Tatin)
- Croissant francés relleno
- Sándwich cubano
- Chicken tikka wrap
- Enchiladas verdes mexicanas
- Dumplings chinos al vapor
- Churrasco brasileño con farofa
- Gallo pinto costarricense
- Katsu curry japonés
- Chiles rellenos poblanos
- Churros con chocolate español

Tacos de Camarón al Estilo Baja

Ingredientes:

- Camarones frescos
- Harina
- Cerveza fría
- Sal y pimienta
- Repollo rallado
- Salsa de mayonesa con limón
- Tortillas de maíz
- Aceite para freír

Instrucciones:

1. Prepara una masa con harina, cerveza, sal y pimienta.
2. Sumerge los camarones en la masa y fríelos hasta que estén dorados.
3. Calienta las tortillas y arma los tacos con camarones, repollo y salsa.

Empanadas Argentinas de Carne

Ingredientes:

- Masa para empanadas
- Carne molida
- Cebolla picada
- Pimiento rojo picado
- Aceitunas, huevos duros (opcional)
- Comino, pimentón, sal y pimienta

Instrucciones:

1. Cocina la carne con cebolla, pimiento y especias.
2. Rellena la masa con la mezcla y agrega aceitunas y huevo duro si quieres.
3. Cierra las empanadas y hornea o fríe hasta dorar.

Sushi Rolls de Aguacate y Pepino

Ingredientes:

- Arroz para sushi
- Algas nori
- Aguacate en tiras
- Pepino en tiras
- Vinagre de arroz
- Salsa de soja para servir

Instrucciones:

1. Cocina y sazona el arroz con vinagre.
2. Extiende el arroz sobre el nori, coloca aguacate y pepino.
3. Enrolla firmemente y corta en piezas.
4. Sirve con salsa de soja.

Ceviche Peruano de Pescado Blanco

Ingredientes:

- Filete de pescado blanco fresco (corvina, lenguado)
- Jugo de limón
- Cebolla roja en juliana
- Ají amarillo o chile picado
- Cilantro picado
- Sal y pimienta

Instrucciones:

1. Corta el pescado en cubos pequeños.
2. Marina en jugo de limón con sal, pimienta y ají por unos 10 minutos.
3. Añade cebolla y cilantro.
4. Sirve frío.

Curry Indio de Garbanzos (Chana Masala)

Ingredientes:

- Garbanzos cocidos
- Cebolla, ajo y jengibre picados
- Tomate triturado
- Especias: comino, coriandro, cúrcuma, garam masala
- Aceite
- Cilantro fresco

Instrucciones:

1. Sofríe cebolla, ajo y jengibre.
2. Añade especias y tomate, cocina hasta formar salsa.
3. Incorpora garbanzos y cocina unos minutos.
4. Decora con cilantro.

Paella Valenciana de Mariscos

Ingredientes:

- Arroz de grano corto
- Caldo de pescado
- Mejillones, camarones, calamares
- Judías verdes, garrofón (alubias blancas grandes)
- Tomate, ajo y pimiento
- Azafrán
- Aceite de oliva

Instrucciones:

1. Sofríe ajo, tomate y pimiento.
2. Agrega judías verdes y garrofón.
3. Incorpora arroz y azafrán, mezcla.
4. Añade caldo y cocina.
5. Cuando falten minutos, agrega mariscos y cocina hasta listo.

Falafel con Salsa de Yogur

Ingredientes:

- Garbanzos remojados
- Cebolla, ajo, perejil y cilantro
- Comino y coriandro molidos
- Harina o harina de garbanzo
- Yogur natural
- Jugo de limón y hierbas para la salsa

Instrucciones:

1. Procesa garbanzos con especias y hierbas.
2. Forma bolitas y fríelas hasta dorar.
3. Mezcla yogur con limón y hierbas para la salsa.
4. Sirve falafel con la salsa.

Banh Mi Vietnamita con Cerdo

Ingredientes:

- Pan baguette crujiente
- Cerdo marinado y cocido (a la parrilla o sartén)
- Zanahoria y rábanos encurtidos
- Pepino en rodajas
- Cilantro fresco
- Mayonesa y salsa picante

Instrucciones:

1. Cocina el cerdo con la marinada.
2. Abre el pan y unta mayonesa.
3. Coloca el cerdo, encurtidos, pepino y cilantro.
4. Añade salsa picante al gusto y sirve.

Tostadas Mexicanas de Tinga de Pollo

Ingredientes:

- Pechuga de pollo deshebrada
- Salsa de tomate, chipotle y cebolla
- Tortillas de maíz fritas (tostadas)
- Lechuga picada
- Queso fresco desmoronado
- Crema agria

Instrucciones:

1. Cocina el pollo con la salsa de chipotle y tomate hasta integrar bien.
2. Sirve la tinga sobre las tostadas.
3. Añade lechuga, queso y crema al gusto.

Gyozas Japonesas de Cerdo

Ingredientes:

- Carne molida de cerdo
- Col picada finamente
- Cebolla verde
- Jengibre rallado
- Salsa de soya
- Masa para gyoza (o masa de wonton)

Instrucciones:

1. Mezcla carne, col, cebolla, jengibre y salsa de soya.
2. Rellena las obleas con la mezcla y cierra con pliegues.
3. Cocina al vapor o saltea en sartén hasta dorar.

Arepas Venezolanas Rellenas de Queso

Ingredientes:

- Harina de maíz precocida
- Agua y sal
- Queso blanco rallado o en rebanadas

Instrucciones:

1. Mezcla harina con agua y sal para formar masa.
2. Forma discos y cocina en sartén o plancha hasta dorar.
3. Abre la arepa y rellena con queso.

Shawarma de Pollo con Pan Pita

Ingredientes:

- Pechuga de pollo marinada en especias (comino, cúrcuma, pimentón)
- Ajo y yogur para la marinada
- Pan pita
- Vegetales frescos (tomate, cebolla, pepino)
- Salsa de yogur o tahini

Instrucciones:

1. Cocina el pollo marinado a la parrilla o sartén.
2. Sirve en pan pita con vegetales y salsa.

Ratatouille Francés

Ingredientes:

- Berenjena, calabacín, pimiento, tomate y cebolla
- Ajo
- Aceite de oliva
- Hierbas provenzales (tomillo, romero, laurel)
- Sal y pimienta

Instrucciones:

1. Corta las verduras en rodajas o cubos.
2. Saltea cebolla y ajo, añade las verduras y hierbas.
3. Cocina a fuego lento hasta que estén tiernas.

Pierogi Polacos con Queso y Papa

Ingredientes:

- Masa para pierogi (harina, huevo, agua)
- Puré de papa
- Queso blanco fresco
- Cebolla caramelizada (para servir)

Instrucciones:

1. Mezcla puré de papa con queso para el relleno.
2. Rellena la masa con la mezcla y sella.
3. Cocina en agua hirviendo hasta que floten.
4. Sirve con cebolla caramelizada.

Poutine Canadiense con Gravy y Queso

Ingredientes:

- Papas fritas
- Queso en trozos (cheddar fresco o "cheese curds")
- Salsa gravy caliente

Instrucciones:

1. Prepara papas fritas crujientes.
2. Coloca el queso sobre las papas calientes.
3. Vierte gravy caliente para que el queso se derrita.

Bibimbap Coreano

Ingredientes:

- Arroz blanco cocido
- Vegetales salteados (espinaca, zanahoria, brotes de soja)
- Carne de res o tofu
- Huevo frito
- Salsa gochujang (pasta de chile coreana)

Instrucciones:

1. Coloca el arroz en un bowl.
2. Arregla los vegetales y la carne encima.
3. Añade el huevo frito.
4. Sirve con salsa gochujang para mezclar.

Shakshuka del Medio Oriente

Ingredientes:

- Tomate triturado
- Cebolla y ajo picados
- Pimiento rojo
- Huevos
- Comino, pimentón y chile en polvo
- Aceite de oliva
- Cilantro o perejil para decorar

Instrucciones:

1. Sofríe cebolla, ajo y pimiento.
2. Añade tomate y especias, cocina hasta espesar.
3. Haz huecos en la salsa y casca los huevos.
4. Cocina a fuego bajo hasta que los huevos estén listos.
5. Decora con cilantro o perejil.

Moussaka Griega

Ingredientes:

- Berenjenas
- Carne molida de res o cordero
- Cebolla y ajo
- Tomate triturado
- Salsa bechamel
- Queso rallado
- Aceite de oliva
- Sal y pimienta

Instrucciones:

1. Corta y asa las berenjenas.
2. Cocina la carne con cebolla, ajo y tomate.
3. Coloca capas de berenjena y carne en un molde.
4. Cubre con salsa bechamel y queso rallado.
5. Hornea hasta que esté dorado.

Jollof Rice de Nigeria

Ingredientes:

- Arroz
- Tomate, pimiento rojo y cebolla
- Caldo de pollo o vegetales
- Aceite de palma o vegetal
- Especias: ajo, jengibre, pimienta, laurel

Instrucciones:

1. Sofríe tomate, pimiento y cebolla.
2. Añade arroz y mezcla bien.
3. Incorpora caldo y cocina tapado hasta que el arroz esté listo.

Samosas Indias de Verduras

Ingredientes:

- Masa para empanadas o samosas
- Verduras picadas (patata, guisantes, zanahoria)
- Especias: comino, cúrcuma, garam masala
- Aceite para freír

Instrucciones:

1. Cocina las verduras con especias.
2. Rellena la masa con la mezcla y cierra en forma triangular.
3. Fríe hasta que estén doradas.

Kebab Turco de Cordero

Ingredientes:

- Carne de cordero molida
- Cebolla y ajo picados
- Perejil picado
- Especias: comino, pimentón, pimienta
- Sal y aceite

Instrucciones:

1. Mezcla todos los ingredientes.
2. Forma cilindros o bolitas y ensarta en brochetas.
3. Cocina a la parrilla o sartén hasta dorar.

Pupusas Salvadoreñas

Ingredientes:

- Masa de maíz
- Relleno: queso rallado, frijoles refritos o chicharrón
- Salsa roja para acompañar

Instrucciones:

1. Forma discos con la masa.
2. Rellena con el ingrediente elegido y cierra.
3. Cocina en comal o sartén hasta dorar.
4. Sirve con salsa roja.

Tabbouleh Libanés

Ingredientes:

- Perejil fresco picado
- Bulgur cocido
- Tomate y cebolla picados
- Menta fresca
- Jugo de limón
- Aceite de oliva
- Sal y pimienta

Instrucciones:

1. Mezcla perejil, bulgur, tomate, cebolla y menta.
2. Aliña con jugo de limón, aceite, sal y pimienta.
3. Sirve frío.

Tamales Mexicanos de Elote

Ingredientes:

- Masa de maíz fresca
- Elote desgranado
- Manteca de cerdo
- Azúcar y sal
- Hojas de maíz para envolver

Instrucciones:

1. Mezcla la masa con elote, manteca, azúcar y sal.
2. Envuelve porciones en hojas de maíz.
3. Cocina al vapor hasta que estén firmes.

Bratwurst Alemán con Chucrut

Ingredientes:

- Salchichas bratwurst
- Chucrut (repollo fermentado)
- Mostaza para acompañar

Instrucciones:

1. Cocina las bratwurst en sartén o parrilla.
2. Calienta el chucrut.
3. Sirve juntos con mostaza.

Kimchi Coreano

Ingredientes:

- Col china (napa)
- Sal gruesa
- Ajo, jengibre
- Chile en polvo coreano (gochugaru)
- Cebolla verde
- Salsa de pescado

Instrucciones:

1. Sala la col y déjala reposar para que suelte agua.
2. Prepara una pasta con ajo, jengibre, chile, cebolla verde y salsa de pescado.
3. Mezcla la col con la pasta y deja fermentar unos días a temperatura ambiente.

Borscht Ruso de Remolacha

Ingredientes:

- Remolachas
- Repollo
- Zanahoria, cebolla y apio
- Caldo de carne o vegetal
- Crema agria para servir
- Eneldo fresco

Instrucciones:

1. Cocina las remolachas en caldo junto con las verduras picadas.
2. Deja hervir hasta que todo esté tierno.
3. Sirve con crema agria y eneldo.

Croquetas Españolas de Jamón

Ingredientes:

- Jamón serrano picado
- Harina
- Leche
- Mantequilla
- Cebolla picada
- Huevos y pan rallado para empanar

Instrucciones:

1. Prepara una bechamel con mantequilla, harina y leche.
2. Añade jamón y cebolla.
3. Forma croquetas, empana con huevo y pan rallado.
4. Fríe hasta dorar.

Canelones Italianos Rellenos de Espinaca

Ingredientes:

- Tubos de pasta para canelones
- Espinaca cocida y picada
- Ricotta o requesón
- Salsa bechamel y salsa de tomate
- Queso rallado

Instrucciones:

1. Mezcla espinaca con ricotta.
2. Rellena los canelones con la mezcla.
3. Coloca en un molde, cubre con salsa y queso.
4. Hornea hasta gratinar.

Burritos Mexicanos de Frijoles y Arroz

Ingredientes:

- Tortillas de harina
- Frijoles refritos
- Arroz cocido
- Queso rallado
- Salsa, lechuga, crema

Instrucciones:

1. Calienta las tortillas.
2. Rellena con frijoles, arroz y queso.
3. Añade salsa, lechuga y crema.
4. Enrolla y sirve.

Empanadillas Españolas de Atún

Ingredientes:

- Masa para empanadillas
- Atún en lata
- Cebolla picada y pochada
- Tomate frito
- Aceitunas

Instrucciones:

1. Mezcla atún con cebolla, tomate y aceitunas.
2. Rellena la masa, cierra y sella con un tenedor.
3. Fríe o hornea hasta dorar.

Pollo Tikka Masala

Ingredientes:

- Pollo en trozos marinados en yogur y especias
- Salsa de tomate con crema
- Especias: garam masala, comino, cúrcuma, chile

Instrucciones:

1. Cocina el pollo marinado.
2. Prepara la salsa con tomate, crema y especias.
3. Mezcla el pollo con la salsa y cocina unos minutos.

Fajitas Tex-Mex de Pollo

Ingredientes:

- Tiras de pechuga de pollo
- Pimientos y cebolla en tiras
- Especias para fajitas
- Tortillas de harina

Instrucciones:

1. Saltea el pollo con especias.
2. Cocina los pimientos y cebolla.
3. Sirve en tortillas con guarniciones al gusto.

Pastel de Choclo Chileno

Ingredientes:

- Choclo (maíz dulce) molido
- Carne molida o pollo
- Cebolla picada
- Aceitunas, pasas y huevo duro
- Albahaca
- Azúcar para espolvorear

Instrucciones:

1. Sofríe la carne con cebolla y condimentos.
2. Coloca la mezcla en un molde y cubre con el puré de choclo.
3. Decora con aceitunas, pasas y huevo duro.
4. Espolvorea azúcar y hornea hasta dorar.

Pastel de Pastor Inglés (Shepherd's Pie)

Ingredientes:

- Carne molida de cordero o res
- Cebolla, zanahoria y guisantes
- Puré de papa
- Caldo de carne

Instrucciones:

1. Cocina la carne con verduras y caldo.
2. Coloca en molde y cubre con puré de papa.
3. Hornea hasta dorar la superficie.

Chiles en Nogada Mexicanos

Ingredientes:

- Chiles poblanos asados y pelados
- Relleno de carne con frutas y especias
- Salsa de nueces (nogada)
- Granada para decorar

Instrucciones:

1. Rellena los chiles con la mezcla de carne.
2. Cubre con salsa de nueces.
3. Decora con granada y sirve.

Lomo Saltado Peruano

Ingredientes:

- Tiras de carne de res
- Cebolla roja, tomate y ají amarillo
- Salsa de soya
- Papas fritas
- Arroz blanco

Instrucciones:

1. Saltea la carne con cebolla, tomate y ají.
2. Agrega salsa de soya.
3. Sirve con papas fritas y arroz blanco.

Tamal Guatemalteco

Ingredientes:

- Masa de maíz
- Carne de cerdo o pollo con salsa
- Verduras
- Hojas de plátano para envolver

Instrucciones:

1. Prepara la masa y rellena con carne y verduras.
2. Envuelve en hojas de plátano.
3. Cocina al vapor hasta que esté firme.

Sopa Pho Vietnamita

Ingredientes:

- Caldo de res o pollo aromatizado con especias (canela, anís, clavo)
- Fideos de arroz
- Carne en láminas delgadas
- Hierbas frescas (cilantro, albahaca)
- Brotes de soja y lima

Instrucciones:

1. Prepara el caldo con especias y hierve.
2. Cocina los fideos y coloca la carne cruda para que se cocine en el caldo caliente.
3. Sirve con hierbas, brotes y lima.

Tarta de Manzana Francesa (Tarte Tatin)

Ingredientes:

- Manzanas
- Azúcar
- Mantequilla
- Masa quebrada

Instrucciones:

1. Carameliza el azúcar y mantequilla en sartén.
2. Coloca las manzanas y cocina.
3. Cubre con la masa y hornea.
4. Voltea para servir.

Croissant Francés Relleno

Ingredientes:

- Masa de croissant
- Relleno: chocolate, jamón y queso, o almendra

Instrucciones:

1. Rellena la masa con el ingrediente elegido.
2. Hornea hasta dorar y que esté hojaldrado.

Sándwich Cubano

Ingredientes:

- Pan cubano o pan francés
- Jamón cocido
- Cerdo asado o pierna de cerdo
- Queso suizo
- Pepinillos en rodajas
- Mostaza

Instrucciones:

1. Arma el sándwich con pan, jamón, cerdo, queso, pepinillos y mostaza.
2. Presiona y calienta en una prensa o sartén hasta que el queso se derrita y el pan esté tostado.

Wrap de Chicken Tikka

Ingredientes:

- Pollo tikka (pollo marinado en yogur y especias, luego asado)
- Tortillas de harina
- Lechuga, tomate y cebolla
- Salsa de yogur o chutney de menta

Instrucciones:

1. Calienta las tortillas.
2. Coloca el pollo tikka y las verduras dentro.
3. Añade la salsa y envuelve.

Enchiladas Verdes Mexicanas

Ingredientes:

- Tortillas de maíz
- Pollo deshebrado
- Salsa verde (tomatillo, chile, ajo)
- Queso fresco
- Crema

Instrucciones:

1. Rellena las tortillas con pollo.
2. Baña con salsa verde.
3. Decora con queso y crema.

Dumplings Chinos al Vapor

Ingredientes:

- Masa para dumplings o wonton
- Relleno de cerdo picado, col y jengibre
- Salsa de soya para acompañar

Instrucciones:

1. Rellena la masa con la mezcla.
2. Forma los dumplings y colócalos en vaporera.
3. Cocina al vapor hasta que estén firmes.
4. Sirve con salsa de soya.

Churrasco Brasileño con Farofa

Ingredientes:

- Carne de res para churrasco (filete, tira, o similar)
- Sal gruesa
- Farofa (harina de yuca tostada con mantequilla y condimentos)

Instrucciones:

1. Sazona la carne con sal gruesa y ásala a la parrilla.
2. Prepara la farofa salteando harina de yuca con mantequilla, cebolla y ajo.
3. Sirve el churrasco acompañado con farofa.

Gallo Pinto Costarricense

Ingredientes:

- Arroz blanco cocido
- Frijoles negros cocidos
- Cebolla, pimiento rojo y cilantro picados
- Salsa Lizano (opcional)

Instrucciones:

1. Saltea cebolla y pimiento.
2. Añade arroz y frijoles, mezcla bien.
3. Agrega cilantro y salsa Lizano al gusto.

Katsu Curry Japonés

Ingredientes:

- Filete de cerdo empanizado y frito (tonkatsu)
- Salsa curry japonesa (mezcla de especias, cebolla, zanahoria y manzana)
- Arroz blanco

Instrucciones:

1. Fríe el cerdo empanizado hasta dorar.
2. Cocina la salsa curry y agrégala sobre el tonkatsu.
3. Sirve con arroz blanco.

Chiles Rellenos Poblanos

Ingredientes:

- Chiles poblanos asados y pelados
- Queso o picadillo (carne molida con verduras)
- Salsa de tomate

Instrucciones:

1. Rellena los chiles con queso o picadillo.
2. Baña con salsa de tomate.
3. Puedes empanizarlos y freírlos o hornearlos.

Churros con Chocolate Español

Ingredientes:

- Masa para churros (harina, agua, azúcar)
- Azúcar para espolvorear
- Chocolate espeso para mojar

Instrucciones:

1. Fríe la masa formando tiras largas.
2. Espolvorea con azúcar.
3. Sirve con chocolate caliente para mojar.